AF265618

ANALYSE

ET

RAPPROCHEMENT

DES OPÉRATIONS

DE L'ASSEMBLÉE COLONIALE DE CAYENNE.

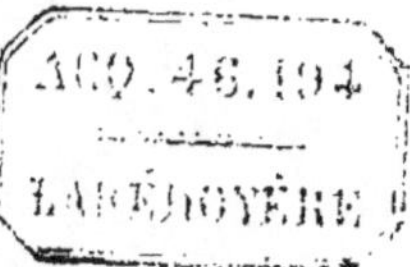

L'affaire est au Comité Colonial, au rapport de
M. Léon Le Vavasseur.

A PARIS,

De l'Imprimerie de la rue des Nonaindières, n°. 31.

Février 1792.

ANALYSE

ET

RAPPROCHEMENT

Des opérations de l'Assemblée Coloniale de Cayenne.

Je déclare avant tout, tant au nom des habitans de Cayenne qui se trouvent à Paris, qu'au nom d'une portion considérable des citoyens qui sont dans la colonie, et dont j'ai pouvoir et mission auprès de l'Assemblée Nationale (1), que *quelques torts que nous ayons éprouvé de la part de l'Assemblée Coloniale et de la Municipalité, nous pardonnons sincèrement, tant aux membres de ces deux corps, qu'aux personnes dont ils se sont servi contre leur patrie, et contre nous; que nous n'avons jamais eu en vue que le rétablissement de l'ordre, et que quand NOUS DEMANDONS LA CASSATION DE L'ASSEMBLÉE COLONIALE, ET DE TOUT CE QUI L'A PRÉCÉDÉ ET SUIVI, c'est que nous ne voyons pas de meilleur moyen pour arriver à cette fin désirable.*

Cela posé, je vais m'attacher à prouver les vices de la chose, sans attaquer, sans nommer personne; et

---

(1) Les habitans qui ont signé les réclamations communes, ont joint à leurs noms, l'état de leurs propriétés.

quand nous serons parvenus à détruire les opérations, nous nous imposerons un éternel silence sur leurs motifs et sur leurs formes.

Puisse cette profession authentique porter ceux qui jusqu'à ce jour nous ont regardé comme leurs ennemis, à reprendre des sentimens de paix, et comme nous à ne plus s'en écarter.

PROPOSITIONS.

L'ASSEMBLÉE Coloniale est nulle et illégale; et quand sa composition serait aussi régulière qu'elle est vicieuse, cette assemblée jugée par ses ouvrages, ne mériteroit aucune confiance.

§. PREMIER.

L'Assemblée Coloniale est illégale et nulle.

LES instructions du 28 mars disent qu'à Cayenne les députés seront nommés à raison d'un par vingt-cinq citoyens actifs. Il s'est trouvé dans la colonie environ cinq cents citoyens actifs ; on a nommé vingt députés, sur quoi la ville, à cause de sa plus grande population, en a fourni neuf. La ville fourrissant ainsi près de la moitié des députés, il étoit encore plus essentiel là qu'ailleurs que le choix fût fait sagement et régulièrement. Au lieu de cela, l'Assemblée paroissiale a été tenue d'une manière si précipitée, si tumultueuse, si éloignée de la lettre et de l'esprit de la constitution, qu'elle a

excité de nombreuses et fortes réclamations ; sur
lesquelles a été rendu le décret suivant (1).

« L'Assemblée Coloniale ayant mûrement examiné
» et approfondi les opérations de l'assemblée paroissiale
» de Cayenne, *d'après plusieurs erreurs, irrégularités et*
» *illégalités, comme d'ôter aux citoyens actifs le droit*
» *sacré d'élire et d'être élu*, a arrêté que la paroisse se
» formera pour élire les députés qui manquent, tant
» par la démission de deux d'entre eux, que par la
» *condamnation de deux autres jugés comme factieux*
» *et conspirateurs*, et embarqués par acclamation des
» assemblées civiques tenues à cet égard les 9 et 10 de
» ce mois. *Observant que les députés et les suppléans déja*
» *élus sont reconnus pour avoir réellement la confiance de*
» *leurs concitoyens* ; qu'en conséquence, leur nomination
» demeurera valide ; et que quant aux citoyens exclus,
» ils sont réintégrés dans la plénitude de leurs droits de
» citoyens actifs ; qu'au surplus, *tous officiers militaires,*
» *de judicature et d'administration*, *seront tenus en*
» *cas d'élection à la députation*, d'opter entre l'exercice
» de leurs fonctions et la qualité de député ».

Je pars des termes mêmes de ce décret, et je dis :
si l'assemblée paroissiale de la ville contenoit plusieurs
erreurs, irrégularités et illégalités, elle étoit donc

---

(1) *Décret.* Je me sers ici du terme adopté par l'Assemblée
de Cayenne, quoique dans ses décrets et instructions des 8 et 28
mars 1790, l'Assemblée constituante n'ait pas une seule fois
employé ce terme pour qualifier les opérations de l'Assemblée
Coloniale.

A 3

irrégulière et illégale. Si elle étoit irrégulière et illégale, comment l'Assemblée Coloniale , à qui elle fournissoit près de moitié de ses membres, a-t-elle pu être légale et régulière ? Mais, dit-on , le décret porte qu'il est reconnu que les autres députés nommés par cette assemblée paroissiale , réunissoient la confiance de leurs concitoyens. Je demande d'abord , comment cela a été reconnu : ce n'auroit pu être que par une seconde assemblée convoquée régulièrement ; mais il n'y en a pas eu ; ou par un acte d'adhésion et de ratification de la part de ceux qui avoient le droit de réclamer ; mais au contraire les pétitions les plus formelles concluoient à la nullité de cette assemblée paroissiale (1). Ajoutez à cela que dès le lendemain , un de ces députés, qui , aux termes du décret, étoit reconnu pour avoir la confiance générale, a donné sa démission , comme ne pouvant se dissimuler le vice de sa nomination (2).

Il est donc démontré que l'assemblée paroissiale de la ville étoit irrégulière et illégale , que ces erreurs, irrégularités et illégalités n'ont point été couvertes par l'adhésion et la ratification de ceux qui avoient droit de réclamer ; que les réclamations ont porté, tant sur les députés restans, que sur ceux expulsés ou retirés ; que le Décret de l'Assemblée Coloniale contient par conséquent un faux, qu'enfin l'assemblée paroissiale de

---

(1) Voir le procès-verbal de la séance du 27 août, qui porte *lecture faite de deux mémoires*, etc.

(2) Voir le procès-verbal de la séance du 28 , et le mémoire de M. d'Audifredi.

la ville étant irrégulière et illégale, l'Assemblée Coloniale l'est devenue elle-même, par l'admission de ces députés irrégulièrement et illégalement élus.

§. I I.

L'Assemblée Coloniale fut-elle aussi régulière qu'elle est vicieuse dans sa composition , elle ne mérite aucune . confiance , étant jugée par ses travaux.

Premier motif.

Elle a obligé à l'option et conséquemment elle a exclu tous ceux de qui elle pouvoit tirer quelques lumières et quelques secours. En effet, elle avoit des plans à proposer *sur* la défense intérieure et extérieure, et elle a exclu tous les officiers de troupes réglées et de génie, quoique plusieurs fussent mariés ou propriétaires d'habitations : *sur* les desséchemens et établissemens nouveaux, et elle a exclu tous ceux qui étoient en état de lever un plan : *sur* l'application à la colonie des loix faites en France, et elle a exclu tous les magistrats : *sur* la comptabilité et l'économie des fonds et magasins de l'état , et elle a exclu tous les employés brevetés. De cette manière, les députés se sont trouvés comme les enfans des hommes à la tour de Babel ; ils ont parlé des langues qu'ils ne connoissoient pas , et leurs travaux s'en ressentent. C'est ce que nous verrons dans un moment.

Second motif.

L'Assemblée Coloniale n'a point proposé les plans qui lui étoient demandés. Ceci est hors de doute ; du moins ne les a-t-elle pas envoyés.

Troisième motif.

Elle a usurpé les pouvoirs qui lui étoient interdits, et a fait exécuter ses décrets sur une multitude d'objets hors de sa compétence.

Aux termes du décret du 8 mars 1790, et des instructions du 28, les Assemblées Coloniales ne pouvoient faire exécuter provisoirement que deux choses ; savoir, ce qui, dans les décrets sur les municipalités et assemblées administratives, pouvoit s'adapter aux convenances locales, et les réglemens concernant le régime purement intérieur. Sur tout le reste, elles ne pouvoient que proposer des plans. Voilà ce que l'Assemblée Coloniale devoit faire. Voyons ce qu'elle a fait.

Elle a cassé les milices et formé des gardes citoyennes ; elle a intimé au gouverneur défense de faire faire aucun détachement ni patrouille, soit de jour, soit de nuit, sans l'*agrément* du maire ; elle a retiré au gouverneur le commandement de la rade, et l'a donné au maire ; elle a refusé le *veto* au gouverneur, et à l'occasion d'une restriction par lui apposée à la sanction d'un décret, elle a déclaré rebelle à la loi, et ennemi public, quiconque se prévaudroit de cette restriction ; elle a ordonné que toutes les lettres adressées au gouverneur, en sa qualité de représentant du roi, seroient ouvertes en présence du président et de deux députés, et lues publiquement, s'ils le jugent convenable.

Elle a cassé l'administration générale de la colonie, l'ordonnateur, le contrôleur, le trésorier, etc. ; elle a fait remettre les magasins, les arsenaux, les hôpitaux, les navires et embarcations, les maisons et habitations, les nègres et les fonds de l'état, entre les mains de l'assemblée administrative ; et quand, , effrayée de cette comptabilité, où elle n'entendoit rien, elle a voulu rétablir à peu-près l'ancienne forme, elle en a délégué la sur-inspection à ses commissaires ; elle s'est emparée du logement des officiers de la garnison, pour loger les officiers municipaux ; elle a affranchi des nègres de l'état ; elle a alloué des appointemens au maire et à son écrivain, aux officiers municipaux, aux différens juges, etc. , aux deux députés qu'elle doit envoyer en France, et tout cela aux frais de l'état.

Elle a cassé le conseil supérieur, le siége royal et l'amirauté, et leur a substitué des tribunaux qui alternent ; elle a désigné nominativement telles et telles personnes pour adjoints aux juges ; elle a décrété que les instructions criminelles se feroient publiquement ; elle a créé des juges de paix ; elle a ordonné que les officiers municipaux des campagnes pourrroient être en même-temps juges de paix, et leur a donné le pouvoir de faire aussi tous les actes de la profession de notaire ; elle a interdit un huissier pour un an ; elle a ordonné qu'un *nègre suspect* (1) *seroit envoyé aux isles, pour y être vendu sous la responsabilité de la colonie* ; elle a fait commencer une procédure criminelle par la municipalité et l'a fait finir par treize personnes qu'elle a nommé adjoints pour juger définitivement et sans appel.

Elle a rendu le pilotage des navires un état libre ; elle a dispensé dans de certains cas, les caboteurs françois du droit ou du demi-droit d'entrée et de sortie.

De toutes ces choses et de cent autres, dont je n'ai pas connoissance ou qu'il seroit trop long de rapporter, s'il en étoit quelqu'une de bonne à proposer, aucune ne devoit être exécutée par provision, et aucune ne l'auroit été, si le gouverneur avoit pu user de son droit. Mais les circonstances l'obligeoient à plus de prudence que de fermeté (2).

Quatrième motif.

Non - seulement l'Assemblée Coloniale a entrepris sur les objets expressément réservés à la métropole :

––––––––––––––––––––––––––––––––––

(1) Ce sont les termes mêmes de l'arrêté. Ce nègre est condamné, non comme convaincu, mais comme *suspect*. On ne dit pas de quoi il est suspect. On l'envoye *aux Isles*. A quelles Isles ? *Sous la responsabilité de la Colonie*. Qu'est-ce que cette responsabilité ? L'ancien régime s'est-il jamais permis un acte plus tyrannique et plus arbitraire ?

(2) Voir les motifs qui ont déterminé le gouverneur à réclamer les droits que lui donnent l'assemblée nationale et le roi, et la réponse de l'assemblée coloniale à ces motifs. Ces deux pièces sont imprimées.

mais elle a tronqué et défiguré la portion de décrets dont l'application étoit laissée à sa convenance. Les décrets de l'assemblée constituante, ordonnent que le maire et les officiers municipaux, etc. seront élus par le peuple sans intermédiaire ; l'Assemblée Coloniale les a fait choisir par des électeurs. — Les décrets veulent que tous les membres des assemblées administratives soient *élus*, et qu'ils se choisissent entr'eux un président. L'Assemblée Coloniale a donné à l'assemblée administrative un membre de son choix, qu'elle a nommé président (c'est l'ordonnateur, lequel n'étoit pas citoyen actif). — Les décrets n'obligent les officiers de judicature à l'option, que dans le cas de leur élection aux places municipales. L'Assemblée Coloniale les y oblige, dans le cas d'élection à toutes fonctions publiques. — Les décrets ne parlent point des officiers de la garnison, de génie, d'administration, de santé, du port, etc. L'Assemblée Coloniale a exclu tous les gens brevetés. — Les décrets excluent les receveurs des impositions *directes* ; l'Assemblée Coloniale ajoute et *indirectes*. — Les instructions disent que, pour être citoyen actif, il faudra deux ans de domicile *dans la paroisse* ; l'Assemblée Coloniale dit *dans la Colonie*. — Aux termes des décrets pour être maire, il suffit d'être citoyen actif. L'Assemblée Coloniale a ordonné qu'il faudroit en outre, avoir une propriété de douze mille livres. — L'Assemblée Nationale n'a établi entr'elle et le roi, entre les Assemblées Coloniales et les gouverneurs que ce rapport : *Décréter et arrêter* d'une part, *accepter et sanctionner* de l'autre. Celle de

Cayenne en a créé un nouveau : « Sur le fait des con-
» cessions et des affranchissemens, l'impétrant se pour-
» voira par une simple requête, qu'il présentera à l'As-
» semblée Coloniale et au gouverneur. ».

Elle a institué un tableau où seroient affichés et li-
vrés à l'opinion publique ceux qui, sans motifs jugés
valables, abdiqueroient leurs fonctions --- Elle a décrété que faute, par une paroisse, d'envoyer un député,
cette paroisse seroit imposée à une double capitation;
rendant ainsi responsables du fait d'autrui les veuves,
les mineurs, les absens, ceux qui, ayant deux habitations, avoient adopté une autre paroisse pour y voter.
Ainsi, pendant que la constitution se contente de plaindre ceux qu'elle n'échauffe pas d'un juste enthousiasme,
l'assemblée de Cayenne outrage et punit ceux qui re-
fusent de partager son délire.

Cinquième motif.

Plusieurs de ses décrets sont remarquables par leur
ineptie. --- Décret qui ordonne que les naturels du
pays, dits Caraïbes ou Indiens, peuples qui sont plutôt
alliés que sujets de la France, peuples qui vivent de
pêche et de chasse, sans vêtemens et sans besoins,
peuples gouvernés par des usages particuliers, et des
chefs héréditaires, se choisiront des officiers militaires
et des officiers municipaux. --- Décret qui ordonne
qu'il sera proposé à l'Assemblée Nationale de faire
jetter bas toute la partie des fortifications qui regarde la
terre. Que deviendroient les blancs dans le cas d'une

insurrection de nègres ? --- Arrêté qui ordonne au préfet apostolique de supprimer des prières du prône, toutes mentions particulières, et d'y substituer ces seuls mots : la Nation, la Loi et le Roi. --- Décret qui ordonnoit que tous les membres de l'assemblée administrative seroient solidairement responsables. ---Arrêté qui leur enjoint, malgré leur démission, de continuer leurs fonctions jusqu'à nouvel ordre. --- Décret qui attribue au maire la connoissance des faits de police, tant au civil qu'au criminel : *une police criminelle !* --- Décret qui ordonne « que ne pourront être juges dans le même » tribunal les parens au dégré de frères , d'oncle et » neveu *en ligne directe*, etc. etc. »

Sixième motif.

Nombre de décrets de l'Assemblée Coloniale, impliquent contradiction ou annoncent la plus grande instabilité.

Elle exclut (1) tous les officiers d'administration des fonctions publiques , et elle nomme l'ordonnateur président de l'administration du département ; elle exclut les officiers d'administration, et elle admet les commis qui sont sous leurs ordres; elle exclut tous les gens aux gages de l'état, et elle admet les missionnaires qui sont aux gages de l'état ; elle exclut les receveurs d'impositions, et elle admet le receveur actuel des répartitions; elle

____

(1) C'est les exclure, que de les obliger par l'option à sacrifier leurs places.

exclut les conseillers, à cause de leur petit nombre et de leur emploi qui les occuperoit deux ou trois jours tous les deux mois, et elle admet les missionnaires qui ne sont point remplacés, et qui peuvent d'un moment à l'autre être requis pour l'exercice de leur ministère. De deux huissiers de police, l'un est député et l'autre fait le service à la porte.

Arrêté qui ordonne que pour être citoyen actif, il faudra deux ans de domicile; arrêté qui dit qu'il en faudra quatre interrompus ou non; décret qui dit qu'il en faudra trois sans interruption.

Décret qui ordonne que pour être maire, il faudra avoir un propriété de 12,000 livres; décret qui ordonne qu'il suffira de payer 18 livres de contribution.

Décret qui supprime l'ancienne administration générale de la colonie; décret qui la rétablit sous l'inspection des commissaires de l'Assemblée Coloniale.

Arrêté qui propose à l'Assemblée Nationale de conserver le conseil supérieur et les jurisdictions; décret qui casse ces tribunaux et en établit deux autres égaux; autre décret un mois après, qui recréé ces deux tribunaux sous une forme nouvelle.

Décret qui ordonne que les tribunaux jugeront suivant les anciennes loix du royaume, jusqu'à ce qu'il en ait été promulgué de nouvelles; (il n'en a point été envoyé). Cependant, décret qui ordonne la publicité des procédures; autre qui ordonne qu'une procédure criminelle sera faite par la municipalité; autre qui nomme des adjoints, pour juger définitivement et sans appel sur cette même procédure encommencée.

Décret qui attendu l'impossibilité reconnue d'instruire et de civiliser les indiens, rapelle les missionnaires; décret qui ordonne quils se formeront en municipalités et en gardes citoyennes.

Septième motif.

L'Assemblée Coloniale s'est laissé aller à servir des vengeances particulières, Voir les différentes réclamations, entr'autres celle du sieur Sigoigne, citoyen septuagénaire, propriétaire de deux maisons en ville, d'une habitation avec soixante nègres, fondé de plusieurs procurations, négociant-armateur, qui, pour avoir donné a son commis un certificat où l'Assemblée Coloniale et la municipalité ont cru se reconnoître, a été traduit au criminel devant la municipalité, et a été ensuite, sans appel ni révision, jugé par des adjoints du choix de l'Assemblée Coloniale, condamné au bannissement perpétuel des terres de France, ses biens confisqués, etc. (1).

---

(1) Voici les termes du décret relatif au sieur Sigoigne. Je prie mes lecteurs de lire d'abord le texte sans interruption, ensuite de le lire avec mes observations.

TEXTE.	OBSERVATIONS.
L'assemblée coloniale, voulant rétablir la tranquillité et l'ordre que l'écrit du sieur Sigoigne a troublé;	Cet écrit étoit un certificat donné par le sieur Sigoigne au sieur Bertollon, portant que celui-ci avoit été condamné illégalement et sans preuve par une espèce de conseil de guerre présidé par le maire.

Huitième motif.

L'Assemblée Coloniale semble avoir pris à tâche de mortifier et d'aliéner les personnes de qui la colonie

---

Voulant donner une preuve de l'impartialité qui l'a toujours dirigée dans sa conduite

Et faire revivre la justice

Je consens qu'on juge de l'impartialité de l'assemblée coloniale par le présent décret.

Inculpation calomnieuse et gratuite sur les Tribunaux.

En récompensant la vertu,

Et en livrant le vice à la sévérité des loix,

A arrêté et décrété :

La vertu de qui ?

La loi ne punit pas le vice, elle ne punit que le crime.

Glaive redoutable de la justice, en quelles mains êtes-vous ! en quelles mains allez-vous être remis !

Que pour juger définitivement et sans appel,

Le sieur Sigoigne, pour raison des crimes et délits dont il est accusé et convaincu

D'après l'instruction de la procédure criminelle encommencée contre lui

C'est un tribunal d'attribution qui va juger définitivement et sans appel.

S'il est convaincu, pourquoi lui nommez-vous des juges ? s'il ne l'est pas, pourquoi dites-vous qu'il l'est, et pourquoi le condamnez-vous d'avance ?

L'instruction n'est qu'encommencée, et l'accusé est qualifié de convaincu, et il est recommandé à la sévérité des loix

Par la municipalité

Comment ! la municipalité a instruit une procédure criminelle ! en vertu de quoi ?

Conformément à l'arrêté de l'assemblée coloniale

C'est l'assemblée coloniale qui l'a ainsi ordonné, et cela par un simple arrêté.

Il sera adjoint au conseil supérieur le nombre de treize citoyens :

Voilà le conseil supérieur, ou pour mieux dire, les adjoints, devenus juges en première instance et en dernier ressort tout à la fois sur la vie, l'honneur et la fortune d'un citoyen ; et ce que la loi tremble de confier à deux tribunaux composés de magistrats instruits et exercés, l'assemblée coloniale, *sublato gradu*, le livre à un seul tribunal composé d'adjoints sans étude, et dont ce jugement est le coup d'essai

devoit

devoit naturellement attendre les plus grands services. Voir nos réclamations communes, la correspondance

---

Que lesdits citoyens ne pourront se récuser que pour cause de maladie bien constatée par un certificat d'un chirurgien.

En conséquence a nommé et nomme l'assemblée coloniale pour adjoints audit conseil , MM.

C.
G.
P.
D.
M.
L.
D.
D.
C.
B.
V.
W.
K.

Et le greffier dudit conseil étant signataire audit mémoire , il sera remplacé par un des citoyens choisis dans le nombre des adjoints.

Que la procédure sera publique.

Quel rafinement de tyrannie ! ces juges ne pourront se récuser.... Il n'y en a pourtant pas un en état de l'être...

L'assemblée coloniale fait ici ce que l'assemblée nationale n'a jamais cru pouvoir faire. Elle nomme des juges. Suivons en détail cette liste effrayante. Le sieur Sigoigne considérera ses juges sous tels rapports qu'il voudra. Pour moi je ne veux voir en eux que des gens sans lumières et contraints de juger.

Commis de négociant.   *Européen.*
Employé au magasin général.   *id.*
Chevalier de Saint Louis, habitant *id.*
Commis de négociant.   *id.*
Charpentier.   *id.*
Petit débitant.   *id.*
(Je ne le connois pas)
Sellier et cordonnier.   *id.*
Négociant de la Martinique.   *id.*
Econome.   *id.*
Menuisier.   *id.*
Cordonnier.   *id.*
Petit débitant.   *id.*

Par la même raison, et à plus forte raison, le maire ennemi capital et déclaré du sieur Sigoigne, n'auroit pas dû être chargé et se charger de l'instruction criminelle ; et les citoyens qui avoient signé la requête en accusation contre le sieur Sigoigne, n'auroient pas dû signer son arrêt. Cependant il y en a plusieurs d'entr'eux qui ont été ses accusateurs et ses juges.

Nous avons déjà prouvé que l'assemblée coloniale avoit outrepassé ses pouvoirs en cela, comme en bien d'autres choses.

Le jugement a répondu aux intentions du décret et à la capacité

B

ministérielle du gouverneur, les plaintes particulières des sieurs Couturier, Mentelle, d'Audifredi, Kerckove, Bajon, Paguenaut, Remi, etc. tous gens honnêtes, anciens habitans, remplis d'expérience et de bonnes intentions. C'est au nom de ces personnes et de plus de soixante autres, que je parle et que je promets l'obéissance aux loix, et le sacrifice absolu de toute récrimination.

Neuvième motif.

L'Assemblée Coloniale a tenu une conduite faite pour soulever la colonie, soit en affectant la réunion des pouvoirs législatif, exécutif, administratif et judiciaire, soit en déclarant rébelle à la loi et ennemi public, quiconque se prévaudroit de la restriction ap-

---

des adjoints. Le sieur Sigoigne a été banni à perpétuité, ses biens confisqués, etc.

Je prie mes lecteurs de remarquer que je ne parle jamais que des adjoints. Je dois aux deux seuls magistrats qui aient connu de cette affaire la justice de publier qu'ils ont fait tous leurs efforts pour empêcher cette iniquité ou si l'on veut cette funeste erreur. Le rapporteur en particulier a hautement protesté contre l'arrêt, déclarant dans une lettre ostensible, et qui est produite, qu'après avoir essayé vainement de ramener les esprits égarés, voyant les avis des adjoints partagés entre les galères et le bannissement; et la condamnation aux galères prête à prévaloir, il a été ainsi que son confrère, et pour empêcher un plus grand mal, contraint de se rallier à l'avis du bannissement.

posée par le gouverneur, à la sanction d'un décret, soit en entretenant avec les citoyens, la plûpart sans propriété (1), une correspondance indécente, consultant la portion du peuple présente à ses séances (2), et se servant de l'impression, que de cette manière elle avoit donnée ou reçue pour faire passer tout ce qu'elle vouloit.

Je finis par deux considérations puissantes.

Dixième motif.

Indépendament de toutes les exclusions dont nous venons de parler, l'Assemblée Coloniale, telle qu'elle existe aujourd'hui, au moyen des démissions multipliées, n'est plus l'élite du choix des citoyens. En effet, prenant pour exemple la paroisse de Cayenne, qui fournit neuf députés, il se trouve, par le relevé des nominations, que le premier décembre, environ trois mois après la

---

(1) Voir le procès-verbal de la séance du 13 septembre 1790 où l'assemblée coloniale avoue que son appui principal est dans les personnes de cette classe.

(2) Voir le procès-verbal de la séance du 11 octobre sur le fait des lettres anonymes et celui de la séance du 15, lors de laquelle les électeurs étant réunis pour nommer les officiers municipaux, le président de l'assemblée coloniale leur demanda s'ils vouloient prendre sur eux de nommer en même temps l'état-major des gardes citoyennes. Plusieurs, entr'autres ceux de la ville, ayant dit qu'ils n'avoient pas de pouvoir sur cela, le président s'adressa aux personnes présentes pour leur demander leur autorisation : ce qui ayant été accueilli par les uns et rejetté par les autres, donna lieu à des discussions et à des apostrophes scandaleuses entre les citoyens et l'assemblée coloniale.

formation de l'Assemblée Coloniale, il y avoit eu déja dans cette paroisse, vingt-deux nominations.

Onzième motif.

L'Assemblée coloniale a étouffé la voix des réclamations; elle a défendu aux citoyens de se plaindre, et a déclaré criminel de lèze-nation toute personne qui, désapprouvant ses opérations, essayeroit d'en faire connoître le vice. Voici les termes de son décret.

« *Tout auteur de mémoire* ou écrit relatifs à l'ordre
» public, et tendans à demander l'établissement ou la
» suppression de quelqu'objet, *sera tenu de le présenter à*
» *la municipalité, pour être soumis à l'examen,* avant
» d'avoir obtenu plus de dix signatures, sauf, après la
» permission de la municipalité, à requérir les signatures
» qu'il jugera convenable, pour les présenter au pouvoir
» législatif, comme l'expression du vœu des citoyens,
» *à peine d'être déclaré criminel de lèze-nation, et poursuivi*
» *comme cherchant à exciter des troubles dans la colonie».*

Ainsi donc l'Assemblée Coloniale de Cayenne nulle, illégale, irrégulière dans sa formation, aura par sa complette inutilité, ses usurpations, ses contradictions, ses inepties, ses persécutions, ses erreurs, perdu la confiance des citoyens, et il ne sera pas permis à ces citoyens de réclamer. Telle est la liberté dont jouissent les habitans de Cayenne ; tels ont été jusqu'ici pour eux les bienfaits de la régénération. Ah ! messieurs ! hâtez-vous, il en est temps encore. Il n'y a point à Cayenne d'autres troubles que ceux que l'assemblée coloniale et la municipalité y occasionnent. Le fond de la colonie est sage et bien intentionnée, les gens de couleur sans prétention, les esclaves tranquilles. Mettez-nous à portée de maintenir ce qui est bien, de réformer ce qui est mal. Il ne s'agit pas ici de Saint-Domingue dévasté, incendié, dépeuplé, foyer lugubre de calamités inouies, où la sagesse de vos décrets et le courage de vos armées ont été jusqu'à ce jour peut-être des moyens impuissans ; il s'agit d'une colonie presqu'ignorée, mais tout-à-fait intéressante, et qui secourue à temps, et sagement administrée, peut un jour indemniser la France des pertes incalculables qu'elle éprouve aujourd'hui dans ses possessions d'Amérique.

GALLET,

Créole, Habitant-Cultivateur, Conseiller.

QUESTION.

Qu'est-ce à Cayenne que le maire, et quelles sont ses fonctions ?

R. Le maire, en sa qualité, a les fonctions ordinaires : — de plus, au moyen de la dissolution de l'assemblée administrative, il a les pouvoirs de cette assemblée (1) : — de plus, il est député avec voix consultative (2) : — de plus, il a la police de la rade (3) : — de plus, il a indirectement le commandement des troupes (4):— de plus, il a aux assemblées primaires une place éminente, où il siége et gêne la liberté (5) : — de plus, il préside les conseils de guerre (6) : — de plus, il fait l'instruction des procédures criminelles (7) : — de plus, dans les campagnes où il n'y a pas assez de sujets, les officiers municipaux, outre qu'ils peuvent être juges de paix, peuvent aussi faire les inventaires et les par-

---

(1) Décret du 18 juillet 1791.

(2) Arrêté du 18 octobre 1790.

(3) Décret du 12 janvier 1791.

(4) Décret du 28 novembre, qui ordonne que le commandant de la place ne pourra faire faire aucune patrouille, ni détachement, soit de jour, soit de nuit, sans l'agrément du maire.

(5) Il n'y a pas, à ma connoissance, de décret pour cela ; mais c'est un fait que j'affirme, parce que je l'ai vu.

(6) Comme dans l'affaire du sieur Bertollon. Cette affaire est dans son genre aussi monstrueuse que celle du sieur Sigoigne.

(7) Comme dans l'affaire du sieur Sigoigne.

tages (8) : --- de plus, il peuvent recevoir des testa-
mens , faire des contrats de mariage (9) etc. Ainsi le
le maire est maire , administrateur , député , chef de la
rade , commandant de la place, directeur des assemblées
paroissiales , président des conseils de guerre , lieute-
nant criminel : et les officiers municipaux des campagnes, outre qu'ils peuvent être juges de paix, peuvent
être aussi commissaires et notaires (10).

---

(8) Décret du 6 mars 1791.
(9) Idem. *(10) Dans ces momens de subversion et de ce...*

Quelle conduite ont tenue les personnes qui réclament
aujourd'hui ? Pleines de vénération pour la loi, elles ont res-
pecté tout ce qui en portait le titre, et convaincues que l'autorité,
même la plus injuste, est préférable à l'anarchie, elles ont obéi
sans murmure à de prétendus décrets dont elles connaissaient
tout le vice. Point d'Assemblée paroissiale où elles ne se soient
fait un devoir de se trouver ; point de nomination, où fidèles
à leur serment, elles n'aient choisi le plus digne. A Cayenne,
il n'y a eu contre l'Assemblée Coloniale et la Municipalité, ni
affiches, ni pamphlets, ni clubs, ni sociétés quelconques ; et quand
l'intérêt public ne ralliait pas les citoyens pour élire ou délibérer,
chacun des réclamans retiré sur son habitation, se livrait à ses
cultures et à l'espoir de voir tôt ou tard naître un nouvel ordre
de choses plus conforme aux vrais principes de la constitution et
aux véritables intérêts de la colonie.